reportage

ABEILLES et GUÊPES

texte de Jill Hughes
illustré par Tony Swift et Norman Weaver

traduit de l'anglais par
Jean-Jacques Barloy

éditions du chat perché
FLAMMARION

Des insectes aux ailes membraneuses

Syrphidé

Bourdon

Hyménoptères et diptères
Les mouches appartiennent à un ordre d'insectes, appelés Diptères ce qui veut dire « deux ailes ». Les insectes volants de l'ordre des Hyménoptères, les abeilles et les guêpes, ont quatre ailes. Certains diptères, comme les syrphidés, ressemblent aux abeilles.

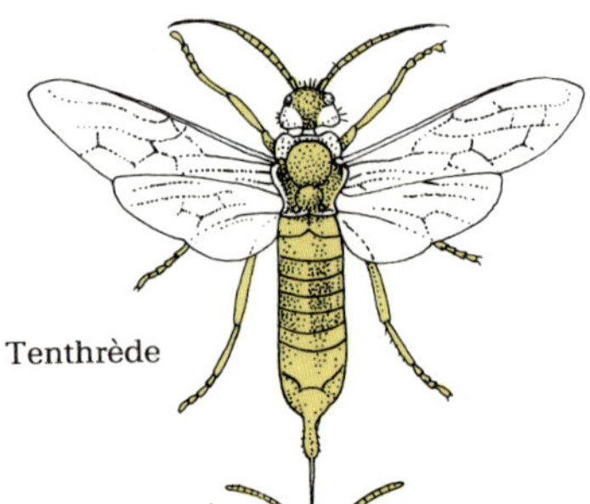

Tenthrède

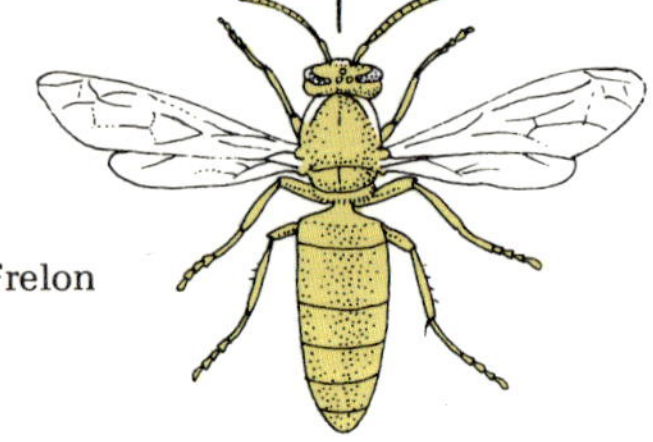

Frelon

Taille large ou taille de guêpe
Les tenthrèdes, au contraire des vraies guêpes et des abeilles, n'ont pas la taille de guêpe caractéristique entre le thorax et l'abdomen. Les larves de tenthrèdes se déplacent et se nourrissent elles-mêmes.

Les abeilles et les guêpes appartiennent à l'ordre d'insectes appelés hyménoptères. Ce terme vient du mot grec *hymen,* qui signifie membrane. En effet, les insectes volants de cet ordre possèdent deux paires d'ailes à demi-transparentes, ou membraneuses. Les hyménoptères constituent l'un des plus importants groupes d'insectes : ils dépassent sans doute cent mille espèces ! Elles vont de types primitifs comme les « mouches à scie », les cynips et les ichneumons jusqu'aux insectes piqueurs évolués tels que les abeilles, les guêpes proprement dites et les fourmis.

Les mouches à scie, ou tenthrèdes, qui se nourrissent de plantes, ne sont pas des mouches, mais des sortes de guêpes. Les ancêtres des vraies guêpes et des abeilles devaient ressembler aux tenthrèdes. Ceux-ci ont un corps large et droit sans l'étranglement caractéristique des vraies guêpes, des fourmis et des abeilles. Les tenthrèdes femelles possèdent à l'extrémité de leur corps un organe en forme de scie, l'ovipositeur, pour pondre leurs œufs et pour déchirer les feuilles.

Les plus spécialisés et hautement évolués des hyménoptères appartiennent à la lignée des aculéates — du latin *aculeus,* aiguillon. Chez les femelles d'abeilles, de guêpes et de fourmis, l'ovipositeur s'est en effet transformé en aiguillon. Chez ces insectes est aussi apparu un pédoncule (entre le thorax et l'abdomen) qui leur confère une grande flexibilité, bien utile pour piquer ou pour pondre.

Tous les hyménoptères pondent des œufs. Leur développement passe par trois stades; de l'œuf sort une larve; celle-ci se transforme en une pupe, qui s'entoure d'un cocon; enfin, la pupe devient l'insecte adulte. Les larves des tenthrèdes se déplacent à la recherche de leur nourriture, comme les chenilles de papillons, mais celles des guêpes et des abeilles doivent être nourries par leurs « mères » ou leurs « sœurs » ouvrières. Les abeilles solitaires, qui se nourrissent de végétaux, approvisionnent leurs nids de miel et de pollen. Les guêpes solitaires, qui sont carnivores, remplissent leurs nids d'insectes qu'elles ont piqués et paralysés, mais pas tués; ainsi, leurs larves sont assurées d'une source de nourriture continue, et vivante. Les abeilles et les guêpes sociales prennent le plus grand soin de leurs larves en se groupant dans de vastes communautés, bien organisées, où elles les élèvent.

La plupart des insectes pondent leurs œufs, et meurent avant que ceux-ci éclosent. Le lien entre la mère et la progéniture, tel qu'il se maintient chez les abeilles et les guêpes sociales, est très inhabituel et constitue la base de la vie de leur communauté. La reine abeille ou guêpe, mère de la communauté tout entière, est devenue une pondeuse très spécialisée : elle pond un grand nombre d'œufs fécondés, d'où sortent les femelles dites ouvrières, qui sont stériles et ne pondront donc pas; et un petit nombre d'œufs non fécondés qui donnent des mâles, appelés faux bourdons chez les abeilles. Les œufs ne sont pas pondus dans un ordre spécial ou dans des parties distinctes de la ruche. Les ouvrières passent leur vie à prendre soin des nids et à nourrir les larves. Les faux bourdons ne font rien : seulement l'un d'entre eux s'accouplera avec la reine.

Les nids des abeilles et des guêpes sociales sont des modèles d'une vie communautaire bien ordonnée; mais certaines espèces, à l'instar du coucou chez les oiseaux, profitent des efforts des autres et pondent dans les nids de parents plus industrieux, s'épargnant ainsi le souci d'élever leur propre progéniture.

La solitaire
De nombreuses espèces d'abeilles et de guêpes vivent solitaires, et non en communautés. La guêpe maçonne solitaire emmagasine chenilles et autres insectes dans son nid de boue pour fournir de la nourriture à ses larves lorsqu'elles écloront. Comme les autres espèces solitaires, elle meurt sans connaître sa progéniture.

« Coucous » et parasites
Une guêpe-coucou (Ceropales) *suit un pompile qui emporte sa proie, une araignée, vers son site de nid. Le pompile place l'araignée dans son nid et la guêpe-coucou s'y précipite et pond sur elle.*

Vie sociale
Abeilles domestiques, bourdons et guêpes proprement dites sont tous des insectes sociaux qui vivent en colonies groupées autour d'une reine. Plusieurs femelles de guêpes du genre Belonogaster *pondent dans le même nid pour produire des ouvrières qui aideront à nourrir le couvain.*

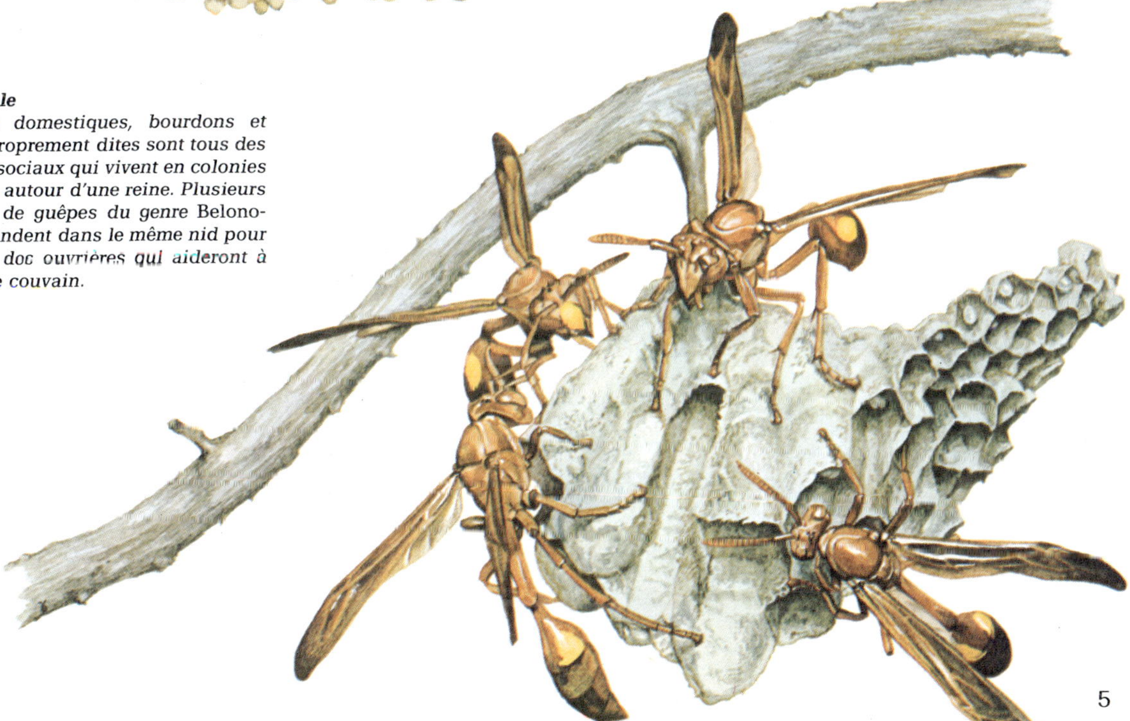

Le groupe des abeilles

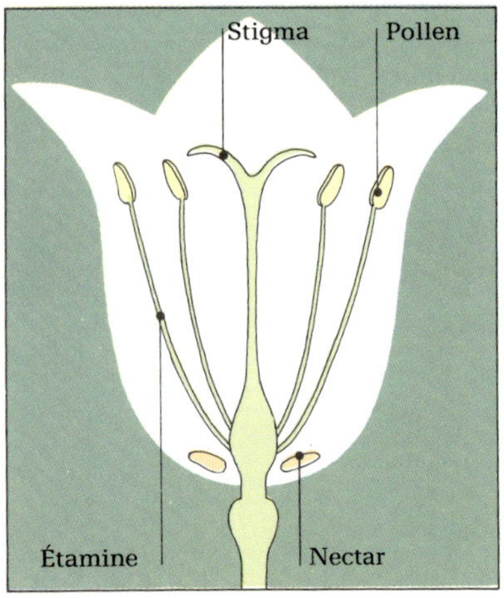

Pollen et nectar
Les fleurs produisent le nectar, un liquide sucré, à la base de leurs pétales : il attire de nombreux insectes. Les étamines portent des grains de pollen qui fertilisent les organes femelles.

A l'origine, les abeilles ont évolué à partir d'un type primitif de guêpe. Par suite de la lutte pour la vie, elles abandonnèrent le régime carnivore des guêpes pour devenir végétariennes, ce qui leur permit de profiter d'une nourriture abondante et facile à trouver. Leur corps s'adapta à la recherche du nectar et du pollen des fleurs. Peut-être les abeilles ont-elles commencé par rechercher le nectar, une solution aqueuse de sucre secrétée à la base des pétales de fleurs. Tandis qu'elles suçaient le nectar avec leur longue langue, le pollen dut s'accrocher à leur corps velu. Le pollen est une fine poussière de petits grains, produits par les organes mâles de la fleur. Ainsi les abeilles découvrirent une source d'alimentation nutritive pour elles-mêmes, car le pollen contient une forte quantité de protéines; et elles contribuèrent à l'évolution et à l'expansion des plantes à fleurs en véhiculant le pollen de fleur en fleur.

Les abeilles peuvent survivre partout où poussent des plantes à fleurs. Il est possible qu'elles soient apparues dans les régions chaudes, où les fleurs sont toujours épanouies, et se soient progressivement répandues des tropiques à la zone sub-arctique. La répartition des différentes espèces dépend de la température, de la durée de la période de floraison et de la disponibilité de sites pour les nids. Évidemment, sous les climats les plus froids les abeilles sont confrontées au problème de leur survie durant l'hiver, après la disparition des fleurs. Elles surmontent cette difficulté grâce à leur cycle vital : l'accouplement survient à la fin de l'été ou au début de l'automne; les mâles meurent et les femelles

La butineuse
Les abeilles récoltent le nectar des fleurs et le transportent dans leur jabot jusqu'à la ruche où il est transformé en miel. Quelques abeilles collectent aussi le pollen. Des poils recourbés sur les pattes postérieures constituent des «paniers» à pollen.

Pollinisation des fleurs
Quand une abeille entre dans une fleur pour boire le nectar, des grains de pollen s'accrochent à son corps. Lorsqu'elle visitera une autre fleur, le pollen se déposera sur la partie femelle de celle-ci. Ce processus, la pollinisation, fertilise la fleur qui pourra produire des graines.

fécondées trouvent des lieux abrités où elles passeront l'hiver. Au retour des beaux jours, les femelles sortent de leurs cachettes, cherchent des endroits pour nicher et y pondent. Chez quelques espèces, les œufs sont pondus à l'automne : les larves et les pupes demeurent sous terre pendant l'hiver et s'y transforment en adultes qui apparaîtront au printemps.

Chez les abeilles mellifères, comme l'abeille domestique, la colonie subsiste tout l'hiver, ce qui est un cas unique. Les abeilles emmagasinent en effet assez de miel et de pollen dans leurs nids pour se nourrir durant les mois d'hiver; la génération automnale d'ouvrières se rassemble autour de la reine en une grande masse afin de se tenir chaud et de donner également de la chaleur à la ruche jusqu'au retour du printemps : une nouvelle génération peut alors être élevée.

Toutes les abeilles font du miel à partir du nectar, mais seule l'abeille domestique en fait et en emmagasine assez pour que l'homme trouve avantage à l'exploiter. En raison de leur capacité à fournir des « récoltes » de cire et de miel, et aussi de leur rôle dans la pollinisation des plantes à fleurs, les abeilles sont considérées comme très utiles. On leur attribue traditionnellement les qualificatifs d'« industrieuses » et de « laborieuses ». Mais les guêpes, que l'on connaît surtout pour piller les piqueniques et entrer dans la confiture, peuvent avoir encore plus d'importance que les abeilles d'un point de vue agricole, en raison de leur utilité comme destructrices de nombreux insectes ravageurs.

L'hivernage
Une jeune reine bourdon se terre dans les feuilles mortes, et y passera l'hiver en léthargie. Les ouvrières d'abeilles se préparent à se grouper autour de la reine pour se tenir chaud. Elles se nourriront des aliments amassés l'été.

Les abeilles mellifères

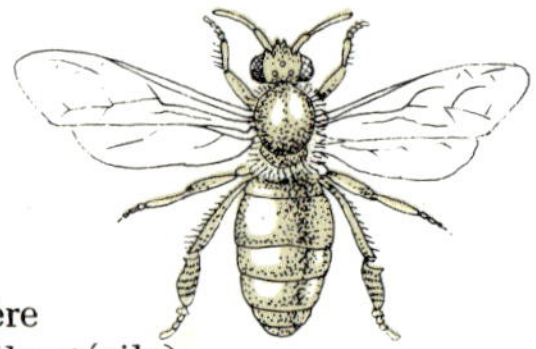

Ouvrière
(femelle stérile)

Faux bourdon
(mâle)

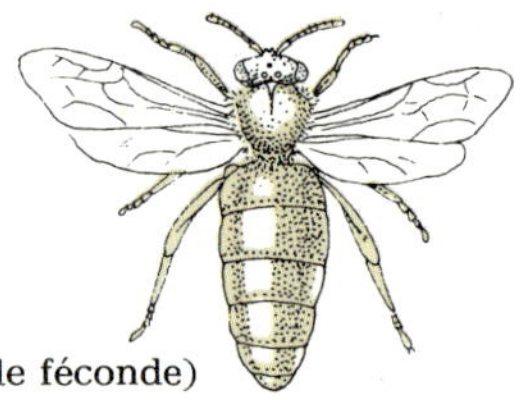

Reine
(femelle féconde)

L'abeille est l'un des rares insectes élevés par l'homme : mais tout ce que celui-ci peut faire, c'est de lui fournir un site de reproduction convenable; il ne peut, en aucune façon, changer son comportement.

Il existe quatre espèces d'abeilles à miel : deux sont encore sauvages — ce sont l'abeille géante et la petite abeille, qui construisent des nids à un seul rayon, suspendus en plein air à une branche ou un rocher. Les deux espèces les plus connues sont les abeilles « domestiques », l'orientale et l'occidentale. Ces abeilles ont une vie sociale hautement développée.

Les abeilles mellifères vivent en communautés permanentes, c'est-à-dire qui subsistent d'une année à l'autre. Chaque communauté est composée de trois castes, ou catégories sociales distinctes : une reine fertile, unique, la mère de tous les hôtes du nid; les ouvrières, qui sont, nous le savons, des femelles stériles et ne pondent donc pas; et enfin les mâles ou faux bourdons, qui ne prennent aucune part à l'entretien quotidien du nid.

Ces castes diffèrent morphologiquement l'une de l'autre : chacune s'est spécialisée pour s'adapter à sa ou ses tâches propres. La reine, dont le seul travail est la ponte, est plus grande que les autres abeilles et ne possède pas les organes de récolte de la nourriture dont ont besoin les ouvrières. Sauf pendant la courte période où la colonie se prépare à essaimer, il n'y a qu'une seule reine. Les faux bourdons, qui sont plus

Ruche naturelle
Lorsque les abeilles essaiment, elles dépêchent des éclaireurs qui cherchent un site de nid — d'habitude un arbre creux ou un rocher.

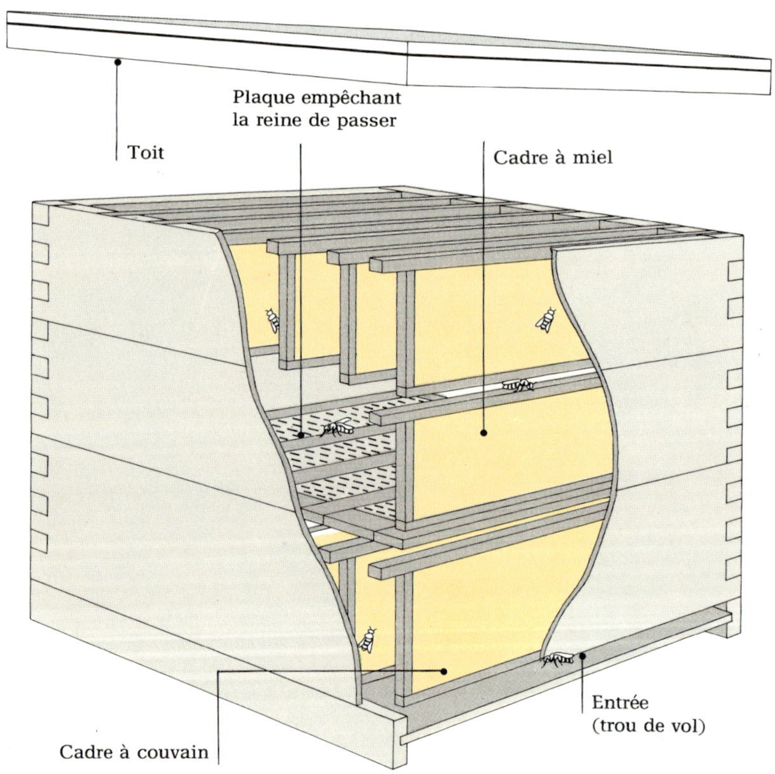

La ruche à cadres
Dans une ruche moderne, une plaque sépare les cadres inférieurs, qui renferment la reine et le couvain, des cadres du haut où est emmagasiné le miel. De petits trous dans cette plaque permettent aux ouvrières, mais non à la reine, de passer.

grands que les ouvrières, ont de gros yeux qui leur permettent de repérer la reine durant son vol nuptial. Leur unique fonction est de s'accoupler avec elle : le seul qui y parvienne succombe. Au cours de cette unique copulation, la reine recevra assez de spermatozoïdes pour féconder ses œufs toute sa vie durant (jusqu'à cinq ans). Les ouvrières, qui sont les plus petites des abeilles, font tout dans la communauté : elles nourrissent et surveillent le couvain, c'est-à-dire les larves et les nymphes, construisent et réparent les alvéoles, nettoient le nid, vont chercher le pollen et le nectar, fabriquent et emmagasinent le miel et défendent la ruche contre les intrus et les ennemis.

Seules les femelles, ouvrières et reines, possèdent un aiguillon. Celui-ci s'est développé à partir de l'ovipositeur de ponte, qui n'a pas de fonction chez les femelles stériles. Comme il y a, de loin, beaucoup plus d'ouvrières que d'abeilles des autres castes, la plupart des abeilles que vous risquez de rencontrer auront des aiguillons! Normalement, l'aiguillon est caché dans une sorte de poche à la base de l'abdomen; il est en forme de scie et relié à des glandes à poison. Quand l'abeille attaque un autre insecte, l'aiguillon est enfoncé dans la victime, puis rapidement retiré. Mais une abeille qui a piqué un être humain, a souvent beaucoup de mal à retirer son aiguillon et, dans ses efforts pour y parvenir, peut l'abandonner avec une partie de son abdomen. Une abeille ainsi blessée a peu de chances de survivre plus d'un jour.

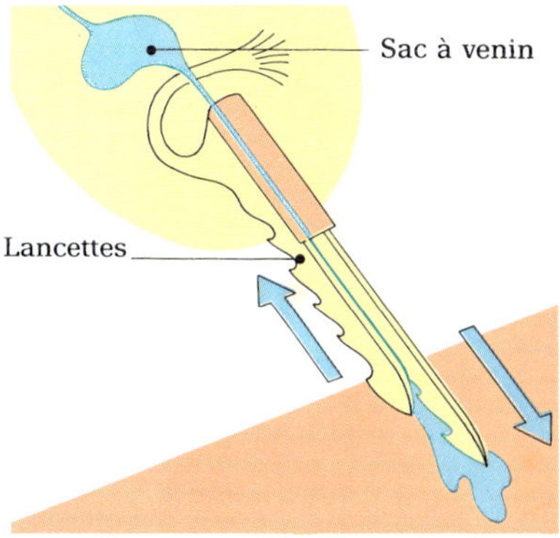

L'aiguillon
Deux lancettes barbelées sont enfoncées dans la victime en un mouvement de va et vient rapide. Le venin passe par un canal entre les deux lancettes.

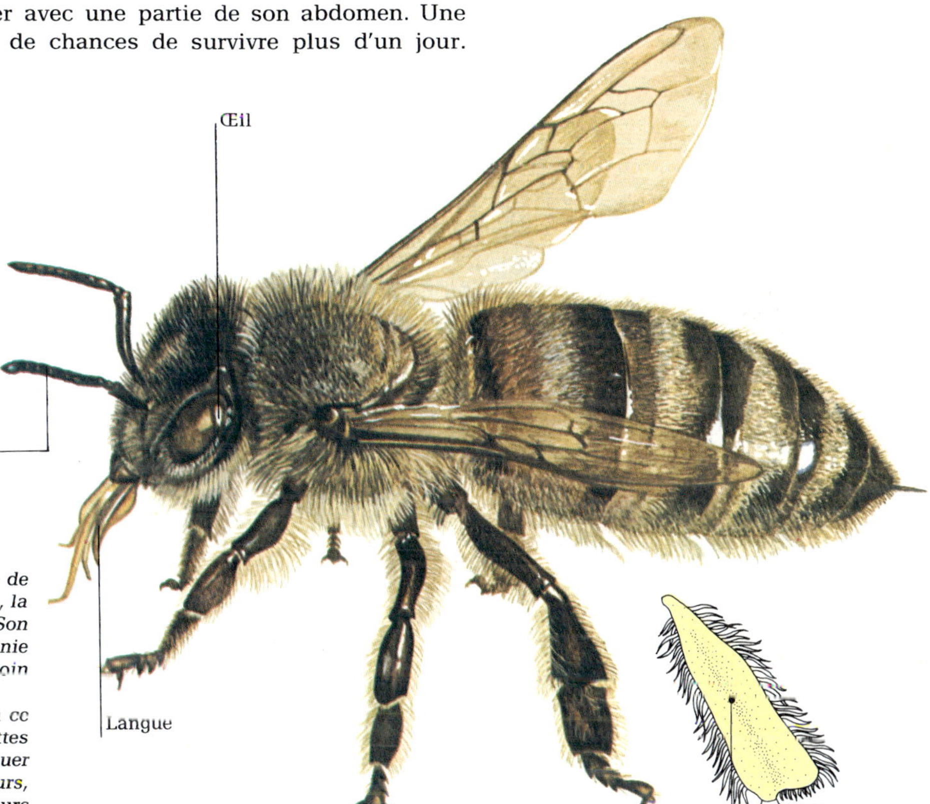

Faite pour travailler
L'anatomie de l'ouvrière, différente de celle de la reine et du faux bourdon, la rend apte à ses multiples tâches. Son aiguillon lui sert à défendre la colonie et ses ailes peuvent l'emporter très loin pour butiner.
Elle est particulièrement adaptée à ce rôle. Des yeux à nombreuses facettes permettent aux abeilles de distinguer les couleurs (sauf le rouge) des fleurs, et leurs antennes sont sensibles à leurs odeurs. Les antennes portent aussi des organes sensibles au goût, qui existent également sur les pattes antérieures. Les ouvrières utilisent leur langue pour aspirer le nectar dans les fleurs. En faisant rouler des gouttelettes de nectar sur sa langue, l'abeille le transforme en miel par un processus d'évaporation.

Sacs à pollen
Les sacs, ou paniers, à pollen sont des cercles de poils recourbés entourant les pattes postérieures. Les ouvrières ont aussi sur leurs pattes des « peignes » qui leur servent à « brosser » le pollen vers les paniers.

La fondation d'une colonie

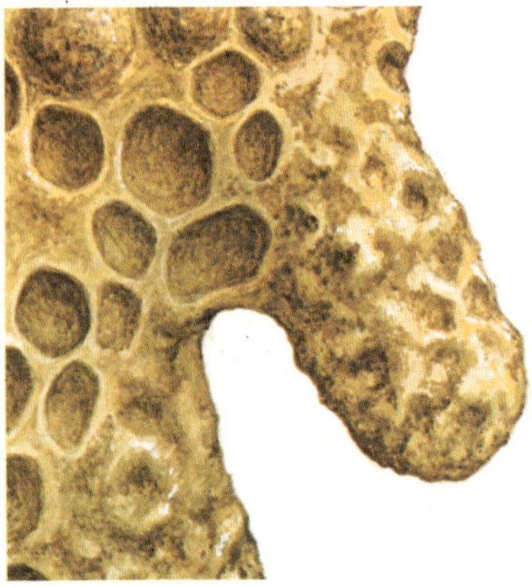

Alvéoles royaux
Les alvéoles royaux sont beaucoup plus grands que les autres et sont très différents. Ils ont une forme de gland et pendent verticalement, l'ouverture vers le bas. La larve y repose enroulée dans un plan horizontal, maintenu sur son lit de gelée royale par la tension superficielle. L'alvéole est assez grand pour permettre à la larve d'être approvisionnée massivement.

Quand une colonie d'abeilles atteint une certaine importance, elle résout le problème de la surpopulation par l'essaimage. Aux premiers beaux jours du printemps, après l'inactivité de l'hiver, la colonie sort de sa torpeur. Quelques ouvrières partent à la recherche de la nourriture; d'autres se mettent à construire de nouveaux alvéoles (ou cellules) et à réparer les anciens; la reine recommence à pondre. Bientôt la ruche est envahie par des milliers de nouvelles ouvrières.

Si cette pression « démographique » augmente, les ouvrières peuvent décider de construire des cellules royales. C'est la première étape dans le processus de division de la colonie par essaimage. D'habitude, six alvéoles royaux sont construits : ils sont en forme de gland et plus grands que les alvéoles ordinaires. A la différence de ces derniers, ils ne serviront qu'une fois puis seront détruits par les ouvrières. La vieille reine entreprend une tournée d'inspection de ces alvéoles et dépose un œuf dans chacun. Il s'agit des mêmes œufs fécondés que ceux qui donnent des ouvrières mais ils reçoivent un traitement différent s'ils sont destinés à donner des reines. Durant les trois premiers jours qui suivent la ponte, toutes les larves sont alimentées avec une nourriture spéciale appelée la « gelée royale » qui est sécrétée par les glandes pharyngiennes des ouvrières. Ces glandes, qui produisent une substance à l'aspect de gelée, riche en protéines, s'ouvrent dans la bouche des ouvrières. Le quatrième jour, le régime des larves d'ouvrières passe au miel et au pollen, tandis que les larves royales sont nourries exclusivement de gelée royale jusqu'à ce qu'elles se transforment en nymphes — d'habitude quelque seize jours après la ponte.

Avant l'éclosion des « princesses », la vieille reine quitte la ruche, accompagnée par environ la moitié de ses occupants. Lorsqu'elle se pose sur un arbre, ou un autre support, elle est entourée d'une masse

Le départ de la mère
Après que les alvéoles royaux ont été bouchés, la vieille reine quitte la ruche, accompagnée de nombreuses ouvrières et de quelques mâles. Tous forment un essaim sur un support convenable. Dans les deux jours, les abeilles gagneront un nouveau nid ou une ruche.

protectrice d'abeilles. A l'état sauvage, des abeilles éclaireurs sont dépêchées — parfois même avant le départ de l'essaim — pour trouver un nouveau gîte convenable, par exemple un arbre creux. Dans le cas des abeilles domestiques, l'apiculteur tâche de trouver l'essaim et l'installe dans une nouvelle ruche. Quelques colonies peuvent essaimer plus d'une fois pendant une saison. Ces essaims secondaires seront conduits chacun par une jeune reine vierge et comprendront des abeilles plus jeunes — la plupart des abeilles plus âgées étant parties avec la vieille reine.

Une fois dans leur nouvelle demeure, les ouvrières se mettent immédiatement à construire les rayons nécessaires aux alvéoles et à l'emmagasinage de la nourriture. Les abeilles de la colonie ont en effet pris le soin de bien remplir de miel leur jabot avant de partir. On a fait des expériences consistant à souffler de la fumée sur des abeilles dans les rayons d'une ruche : celles-ci se sont mises à emmagasiner le miel dans leur jabot, probablement pour se préparer à une évacuation d'urgence en essaim. Un tel emmagasinage de miel pour de longues périodes active les glandes sécrétrices de cire des abeilles. La cire forme des écailles entre les segments des corps des ouvrières. Celles-ci façonnent ces écailles avec leurs mâchoires jusqu'à ce qu'elles puissent servir à la construction; de nombreuses abeilles se réunissent pour constituer une sorte d'échafaudage ou de guirlande vivante pour bâtir de nouveaux alvéoles. Dès que ceux-ci sont disponibles en nombre suffisant, la vieille reine y est conduite pour qu'elle y ponde.

Les ouvrières adultes qui sont venues avec la reine de la vieille ruche, vivront seulement un mois environ, mais une nouvelle génération apparaîtra moins de quinze jours après la ponte des premiers œufs. La survie de la colonie est assurée. La vieille reine continuera à pondre, produisant jusqu'à un millier d'œufs par jour au milieu de l'été.

Des guirlandes de cire
La première tâche des ouvrières dans une nouvelle demeure est la construction des rayons. C'est un travail collectif dans lequel les ouvrières forment des espèces de chaînes.

Les rayons
Un alvéole est construit comme un cylindre. Si de nombreux cylindres sont placés côte à côte, chacun touche ses voisins en six points. Sous l'effet de la compression, l'espace entre eux disparaît et les six points deviennent les côtés d'un hexagone.

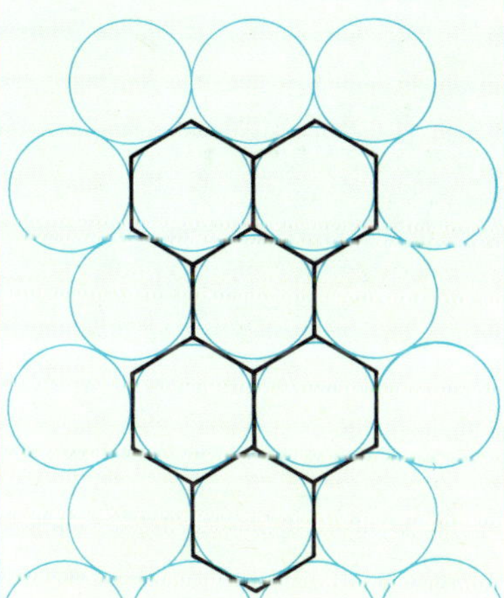

De nouveau la ponte
Dès que les alvéoles sont construits, la reine va y pondre pour que la colonie produise de nouvelles ouvrières. Celles de l'ancien nid ne vivent que quelques semaines après l'essaimage.

Meurtres royaux

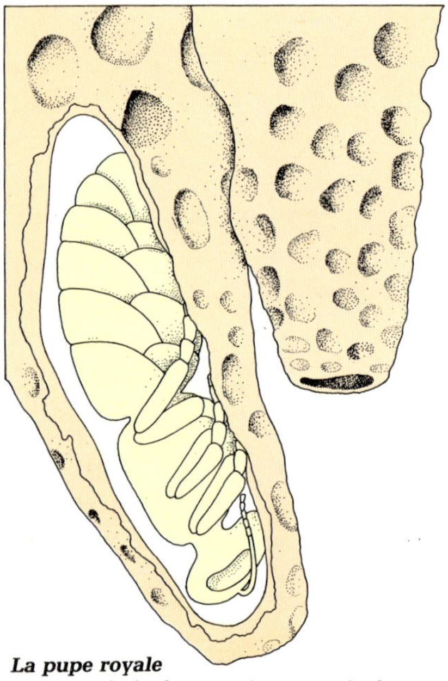

La pupe royale
La larve de la future reine, nourrie de gelée royale, s'est maintenant métamorphosée en pupe. Sa vie larvaire a duré environ cinq jours et son stade nymphal dure dix jours; ensuite elle émerge sous sa forme adulte.

Quand un essaim est parti, les abeilles de la vieille ruche n'ont plus de reine du tout durant une courte période. Mais au bout de quelques jours au plus, la première princesse émergera de l'une des cellules royales. Lorsqu'elle en sort, elle émet un son aigu et flûté — elle peut même l'émettre quand elle est encore dans son cocon. C'est à la fois un avertissement et un défi à ses rivales, car sa première tâche est d'anéantir toutes les autres princesses. Elle perce des trous dans les autres alvéoles royaux, laissant aux ouvrières le soin de les détruire. Une rivale en est-elle déjà sortie, les deux princesses lutteront à mort. Si les ouvrières décident que la colonie a besoin d'essaimer pour une seconde fois, elles empêcheront par la force une princesse de tuer ses rivales, et les mettront à l'abri jusqu'à ce que le second essaim soit prêt à partir.

Au début, les ouvrières accordent peu d'attention à leur nouvelle princesse, bien qu'elles l'alimentent quand elle s'approche d'elles en quête de nourriture. Au bout d'un jour ou deux, elle est capable de se nourrir elle-même du miel emmagasiné dans la ruche, et commence à faire de petits vols brefs d'exploration, pour apprendre la position de la ruche par rapport à son environnement. Une fois qu'elle est sûre de la localisation de l'entrée de la ruche, normalement vers le dixième jour de sa vie, elle s'en va pour son vol nuptial : elle s'élève haut dans les airs jusqu'à une distance de parfois quatre à cinq kilomètres de la ruche. Les mâles, aidés par leurs gros yeux, tâchent de la repérer, et la poursuivent en montant, formant un essaim en forme de comète. L'un d'eux la rejoindra et s'accouplera avec elle en plein ciel. L'infortuné mâle meurt dans l'affaire, car ses organes génitaux sont arrachés et abandonnés encastrés dans le corps de la reine, de même que l'aiguillon d'une ouvrière est déchiré lorsqu'elle pique un être humain.

La succession
Si deux reines vierges émergent en même temps, elles se battent jusqu'à ce que l'une ait piqué l'autre à mort. Quand une seule reine apparaît, elle émet un son flûté auquel répondent les autres princesses, dans leurs alvéoles, de sorte qu'elle peut localiser ses rivales en puissance.

Quand la reine fécondée retourne au nid, l'attitude des ouvrières à son égard change. Elles sont désormais pleines d'attention pour elle, la lèchent et la touchent de leurs antennes. La reine ne fera maintenant plus rien pour elle-même. Elle se consacrera à la ponte qui assurera la survie de la colonie.

Toutefois, la reine est davantage que la garantie de nouveaux membres pour la colonie. Sa présence dans la ruche est essentielle comme élément d'unité sociale qui donne de la cohésion à des milliers d'abeilles. Elle sécrète une « substance de la reine » que les autres abeilles semblent obtenir en la touchant et en la léchant, puis en se la passant de l'une à l'autre. On ignore comment agit cette substance, mais elle semble être un signal chimique par lequel les abeilles d'une même ruche se reconnaissent mutuellement. La composition chimique de la substance varie légèrement d'une ruche à l'autre. Quand la reine vieillit, le pouvoir de la substance diminue. Lorsque les ouvrières s'en rendent compte, elles construisent d'urgence un alvéole royal, à moins que quelques cellules royales abritent déjà des larves. Quand la vieille reine a pondu son dernier œuf dans l'alvéole royal, sa suite va, ou bien la mettre à mort, ou bien attendre qu'une princesse fraîchement apparue la tue.

Les faux bourdons qui ne se sont pas accouplés avec la reine resteront inactifs durant l'été, quémandant leur nourriture aux ouvrières. A la fin de l'été, quand celles-ci commencent à amasser des réserves alimentaires pour l'hiver, les mâles ne sont plus tolérés. Ceux qui sont dans le nid sont mis à la porte — ce qui les condamne à mourir de faim —, ceux qui sont à l'extérieur n'ont plus le droit de rentrer. La colonie survit — au prix de la vie de milliers d'ouvrières, de quelques centaines de mâles et parfois d'une vieille reine.

L'expulsion des mâles
A la fin de l'été, les ouvrières attaquent les mâles et les mettent à la porte de la ruche; elles barrent l'entrée à ces malheureux qui essaient de revenir.

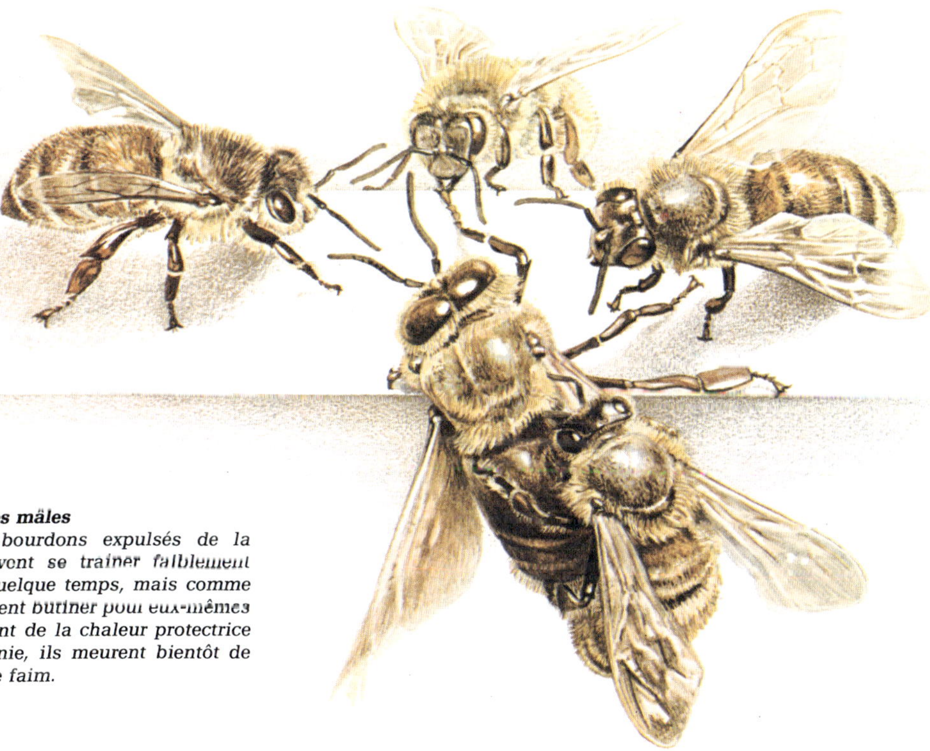

La mort des mâles
Les faux bourdons expulsés de la ruche peuvent se traîner faiblement alentour quelque temps, mais comme ils ne peuvent butiner pour eux-mêmes et manquent de la chaleur protectrice de la colonie, ils meurent bientôt de froid ou de faim.

La vie d'une ouvrière

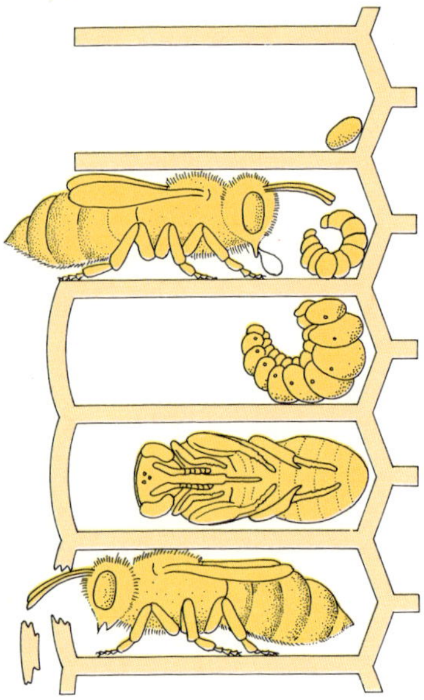

Dans l'alvéole
Trois ou quatre jours après la ponte, une larve sort de l'œuf. Les ouvrières approvisionnent son alvéole de nourriture jusqu'au neuvième jour, et il est alors bouché. La larve tisse un cocon et s'y nymphose. L'abeille adulte apparaît au vingt-et-unième jour.

La vie d'une ouvrière est beaucoup plus courte et plus dure en été, quand l'activité de la ruche est à son paroxysme. En hiver, aucun couvain n'est élevé, et le temps est trop froid pour aller chercher de la nourriture : aussi l'ouvrière jouit alors, pendant quelquefois cinq ou six mois, d'une vie tranquille. Ses sœurs d'été vivent seulement cinq ou six semaines. La vie de l'ouvrière suit un schéma général, mais celui-ci peut s'adapter aux circonstances. La plupart des ouvrières franchissent les étapes suivantes, mais pas toujours dans le même ordre ni à la même allure.

La jeune ouvrière sort de son alvéole environ vingt et un jours après la ponte. Elle fait immédiatement sa toilette. Pendant les trois premiers jours, elle mendie sa nourriture — principalement du nectar et du miel — aux autres ouvrières. Elle peut alors commencer à nettoyer les alvéoles à couvain, ou simplement se placer dessus pour aider à l'incubation. A partir du quatrième jour, elle se servira elle-même dans les alvéoles à miel et à pollen, ce dernier contribuant à développer ses glandes pharyngiennes, destinées à nourrir le couvain. L'ouvrière peut désormais alimenter les larves, d'abord avec du miel et du pollen, ensuite avec de la gelée royale. Au bout de dix à douze jours, la production de nourriture de la jeune ouvrière est épuisée, mais ses glandes sécrétrices de cire entrent en activité : elle se met à construire et à réparer les rayons. Pendant cette période, elle fait son premier vol et se débarrasse de tous les produits de déchet qu'elle a accumulés. Seules les abeilles malades déposent ces matières dans le nid. Ses premiers vols aident l'ouvrière à apprendre la position de la ruche vis-à-vis des environs.

Entre le douzième et le vingtième jour de sa vie, l'ouvrière décharge les abeilles revenant du butinage du nectar qu'elles rapportent; elle le transforme en miel et l'emmagasine. Elle va aussi entasser soigneusement dans les alvéoles le pollen qui s'est attaché aux butineuses; elle nettoie le nid, évacuant les déchets et les abeilles mortes. Après environ trois semaines, elle devient elle-même une butineuse et peut entreprendre un service de garde, patrouillant à l'entrée de la ruche pour éloigner les abeilles étrangères.

L'abeille apparaît
A peine l'abeille adulte s'est-elle extirpée de sa cellule (1), qu'elle fait sa toilette. Pendant les trois jours suivants, elle demande de la nourriture aux ouvrières plus âgées (2). Ensuite, elle s'alimente elle-même (3) dans les alvéoles à miel. Enfin, elle nourrit le couvain (4).

Le nourrissage des larves

Les ouvrières nourrissent toutes les larves pendant les trois premiers jours de leur vie avec de la gelée royale. Les larves royales continuent ensuite à en recevoir, tandis que celles d'ouvrières et de mâles se contentent de nectar et de pollen.

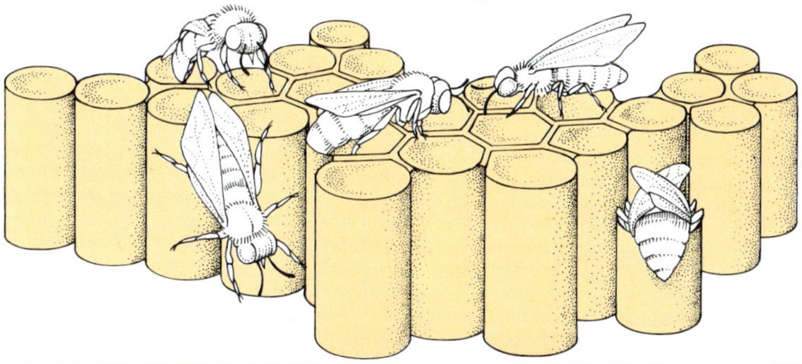

La construction des rayons

Au milieu de l'été, la récolte de nectar est si abondante qu'il n'y a plus de place pour l'emmagasiner. Les ouvrières le gardent dans leur tube digestif, ce qui stimule leur sécrétion de cire et active la construction des rayons.

Le travail d'emmagasinage

La plus grande partie du nectar et du pollen doit être emmagasinée. Le nectar est transformé en miel dans la bouche des abeilles, puis régurgité. Les abeilles revenant avec du pollen le laissent tomber dans les alvéoles, où d'autres ouvrières en prendront soin.

Abeille récoltant de l'eau

Le butinage

Les ouvrières vont butiner à partir du douzième jour de leur vie. Elles récoltent donc le nectar, le pollen, mais aussi le propolis, substance visqueuse faite de résine recueillie sur diverses plantes et utilisée par les abeilles pour cimenter les fissures dans la ruche. Le miel (1) et le pollen (2) sont emmagasinés dans des alvéoles ouverts comme ceux qui contiennent les œufs (3) et les larves (4); les alvéoles fermés (5) sont ceux des larves prêtes à se métamorphoser. Les abeilles aspirent dans les gouttes de rosée, ou dans les mares, de l'eau qui servira à diluer le miel, ainsi qu'à leur nourriture et à celle des larves; en s'évaporant, l'eau conditionne l'air de la ruche.

Dans la ruche

Un nid peut héberger de 20 000 à 30 000 abeilles. Vers la fin de l'été, son activité est maximale. Les ouvrières s'affairent à nourrir les larves. La reine pond 1 000 ou même 1 500 œufs par jour, soit l'équivalent de son propre poids, et les larves éclosent au même rythme.

Des œufs et des larves se voient dans de nombreuses cellules. A droite du dessin, une butineuse revient avec les « paniers » de ses pattes postérieures garnis de pollen. Le pollen laissé en surplus par les besoins immédiats de la colonie est emmagasiné dans des rayons spéciaux (alvéoles jaunes). Le miel aussi est emmagasiné (alvéoles bruns). Au-dessus de la butineuse citée, on voit une ouvrière qui, à l'aide de sa langue, absorbe le miel régurgité par l'une de ses sœurs.

Les mâles sollicitent de la nourriture des ouvrières pendant l'été, mais, à l'approche de l'automne, ils deviennent des bouches inutiles. Dans le bas du dessin, un grand mâle est chassé du nid : il mourra de faim en dehors de la ruche.

On voit la reine près du haut de la planche : elle est entourée par un cercle d'ouvrières qui en reçoivent la « substance royale »; cette substance, une phéromone, contribue à l'unité de la colonie. En bas et à droite, se remarquent des cellules royales à la forme curieuse : plus grandes que les autres, de même que la reine est plus grande que les autres abeilles. Elles pendent du rayon. Une jeune princesse est en train d'émerger de l'une d'elles : la vieille reine doit donc se préparer à essaimer, ou à mourir. Si la substance royale de la vieille reine commence à se raréfier, les ouvrières s'en rendront compte et elles la tueront, à moins qu'une princesse ne s'en charge.

Bourdon visitant une digitale

Les abeilles et les fleurs

Toutes les abeilles visitent les fleurs pour amasser nectar et pollen. Chaque abeille solitaire, ou chaque groupe de butineuses d'une ruche, se consacre à une espèce particulière de fleur. Quand elles vont de fleur en fleur, les abeilles véhiculent le pollen, la fine « poussière » mâle, jusqu'aux organes femelles des autres fleurs sur lesquelles elles se posent ensuite. Ce processus est appelé la pollinisation, et permet la production de graines qui donneront de nouvelles plantes. Les abeilles récoltent le pollen, soit volontairement, soit involontairement. Celles qui le recherchent délibérément s'activent parmi les étamines, les tirent vers elles de leurs pattes antérieures et les mordent pour en déloger les grains de pollen. Celles qui se recouvrent de pollen au cours d'une expédition de recherche du nectar se brossent le corps pour mettre le pollen dans leurs « corbeilles à pollen » : elles utilisent pour cela les brosses aux poils rigides de leurs pattes antérieures.

L'évolution des plantes à fleurs a été étroitement liée à celle des abeilles. La compétition parmi les fleurs pour les services des abeilles a conduit à des différences dans les couleurs, comme dans la forme des pétales et dans les odeurs. Il est bien connu que les bourdons aiment les fleurs irrégulières comme les gueules-de-loup et les glaïeuls, et que les abeilles semblent préférer les fleurs dont les pétales forment des cercles réguliers. Quelques plantes, comme les orchidées, ont même développé des « pièges » à abeilles compliqués : ainsi sont-elles sûres — si l'on peut dire — que leur pollen s'accrochera bien aux abeilles.

Les danses de l'abeille
Il existe deux types de danses : la danse en rond (A) et la danse frétillante ou en 8 (B). La danse en rond indique que la nourriture est à moins de 100 mètres de distance. Si elle est plus loin, l'abeille décrit un huit avec un parcours rectiligne au milieu, en agitant latéralement son abdomen. Si ce parcours est décrit verticalement sur le rayon (1), cela signifie que la nourriture se trouve dans la même direction que le soleil. Un parcours vers le bas (2) indique que la nourriture est dans la direction opposée au soleil. Si le parcours fait un angle avec la verticale (3), cet angle est celui que la direction de la fleur fait avec celle du soleil.

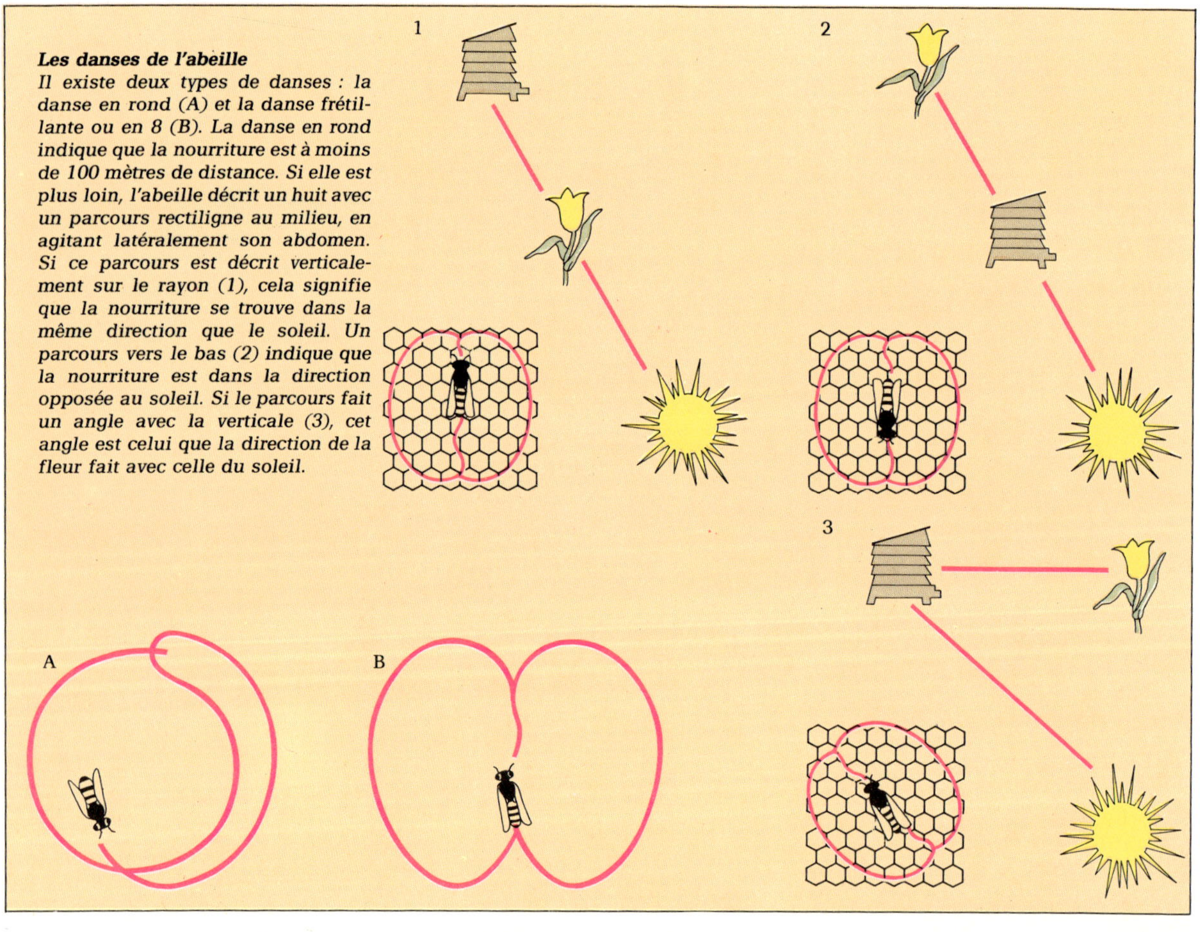

Piège à abeille
Certaines orchidées attirent les abeilles par leur odeur; de plus, leurs formes obligent les abeilles à arracher leur pollen. L'une d'elles les piège dans un godet de liquide; Gongora maculata *les force à glisser sur le dos dans sa fleur;* Stanhopea wardii *les oblige à «chuter» depuis la partie supérieure de sa fleur jusqu'à la partie inférieure.*

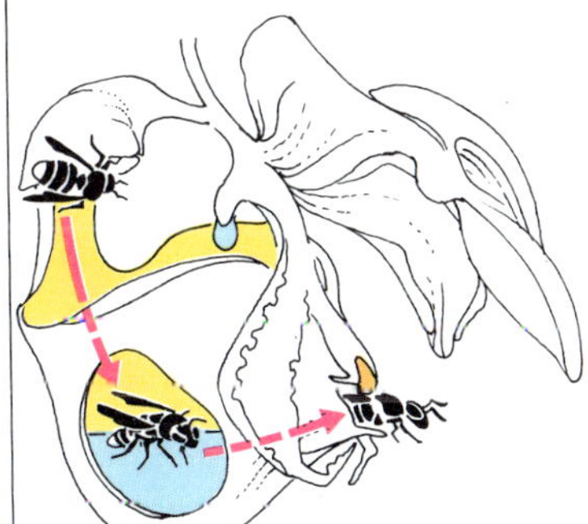

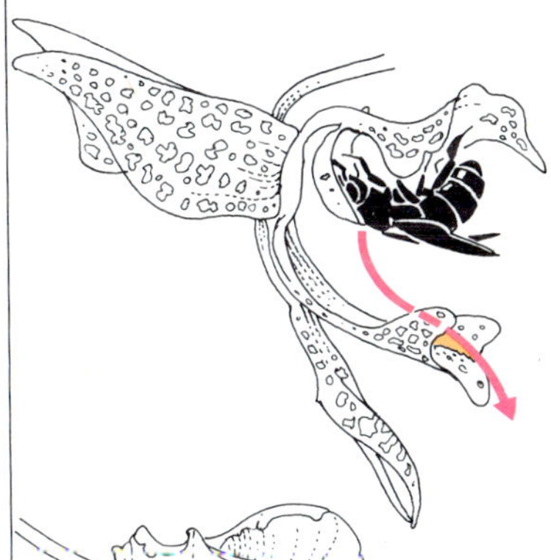

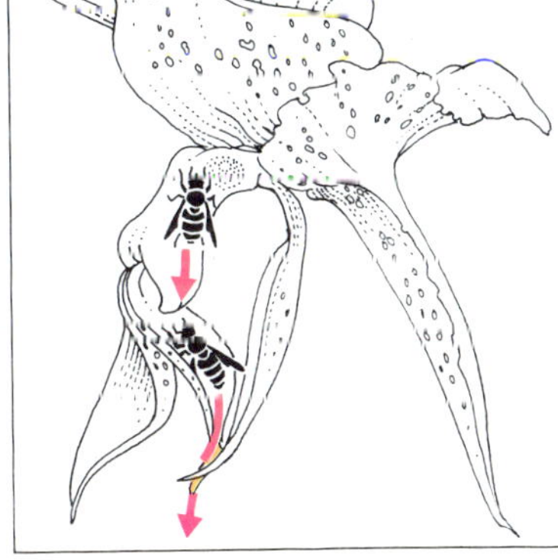

Les pollinisateurs
De nombreux insectes, par exemple des coléoptères, pollinisent les fleurs en marchant sur elles et en emportant le pollen sur leurs pattes. Les papillons peuvent, grâce à leur longue trompe, polliniser les fleurs les plus profondes. Des fleurs claires à forte odeur attirent les papillons qui volent au crépuscule. Certaines fleurs, comme celle d'iris, ont une zone «velue» : l'abeille la prend pour un partenaire et tente de s'accoupler avec elle.

Cétoine sur une rose

Sphinx se nourrissant dans une fleur de tabac

Un iris qui est un piège à abeille

Papillon sur une fleur

Les bourdons

Un insecte velu
Les espèces de bourdons diffèrent par leur couleur et leur dessin, mais sont facilement reconnaissables à leur silhouette et à leur pilosité.

Les bourdons sont des insectes sociaux comme les abeilles. Ils sont d'habitude plus grands et ont le corps plus velu. Comme leur aspect le suggère, ils sont à l'aise sous des climats tempérés aux hivers froids et aux étés chauds. Ils vivent en Asie, dans les Amériques, en Afrique, au nord du Sahara et en Europe : on les trouve jusqu'au Cercle polaire arctique. Ils ont été introduits dans quelques régions d'Océanie.

Les reines de bourdons s'accouplent à la fin de l'été ou au début de l'automne, puis hibernent. Elles sont les seuls membres de la colonie à survivre d'une année à l'autre. Au retour du printemps, la reine sort et se nourrit elle-même pendant quelques semaines avant de choisir un site de nid abrité — peut-être le nid abandonné, garni d'herbe, d'un mulot. Elle essuie l'herbe avec son corps et construit son premier alvéole. Elle y amasse du pollen et y pond un paquet de huit à douze œufs environ. Juste avant ou après la ponte, la reine se met à construire une outre à miel, en cire, près de l'entrée du nid. Elle l'utilise pour emmagasiner le miel pour les jours où le mauvais temps ne lui permettra pas d'aller butiner.

Lorsque les œufs éclosent, les larves s'alimentent d'abord de leur lit de pollen, mais ont bientôt besoin de davantage de nourriture. Leur mère fait un trou dans la paroi de l'alvéole, y régurgite de la nourriture à partir de son estomac à miel, puis rebouche le trou. Quand les larves

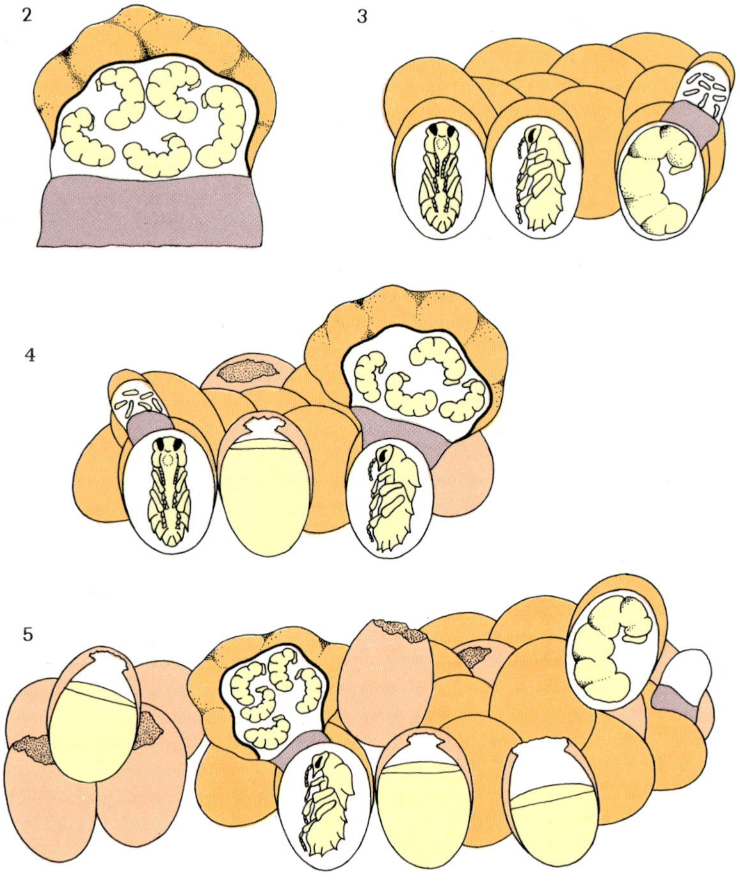

La fécondation d'une colonie
1. Nid de bourdon avec une outre à miel près de l'entrée. Les œufs, dans leur chambre de cire, reposent sur un nid de pollen.
2. Les larves sont écloses.
3. Les larves ont tissé des cocons individuels où elles se métamorphosent en pupes.
4. Les cocons vides, dont les adultes sont sortis, servent à emmagasiner miel et pollen. De nouveaux paquets d'œufs sont pondus au sommet des vieux cocons.
5. Le rayon s'étend vers le haut et vers l'extérieur, car la production de couvain continue.

grandissent, la reine prend soin d'ajouter de la cire à l'alvéole. Lorsque la larve se transforme en nymphe et tisse son cocon, la reine enlève le couvercle de l'alvéole de cire et l'utilise pour faire plus d'alvéoles à œufs.

Pendant que les larves se transforment en pupes dans leurs alvéoles, la reine doit butiner à la fois pour elle-même et pour sa descendance. Dans les entractes de ce travail opiniâtre et solitaire, elle passe de longs moments aplatie au sommet des cellules à couvain, pour les incuber grâce à la chaleur de son corps. Les premières pupes à se métamorphoser en adultes — d'habitude au centre de la masse du couvain, là où il fait le plus chaud — sont celles des ouvrières. En un jour environ elles sont prêtes à aider la reine à butiner et à s'occuper des autres nymphes. Elles vont chaque jour chercher le nectar et le pollen qu'elles rapportent au nid. L'outre à miel a désormais rempli son rôle et ne sert plus.

A la fin de l'été, lorsque la colonie est prospère, elle peut compter plus de cinq cents membres. A ce moment, la reine pond des œufs qui donneront seulement de nouvelles reines et des mâles. La vieille reine a maintenant triste allure; ses ailes sont déchirées, et sa « fourrure » est partie en morceaux. Bientôt, elle va mourir, et avec elle les dernières des ouvrières. C'est alors que les jeunes reines s'accoupleront, et, après être restées quelque temps dans le vieux nid, chercheront des lieux abrités pour y passer l'hiver.

Le vol du bourdon
Des scientifiques avaient calculé qu'en vertu du rapport entre la force de ses ailes et son poids le bourdon était incapable de voler !

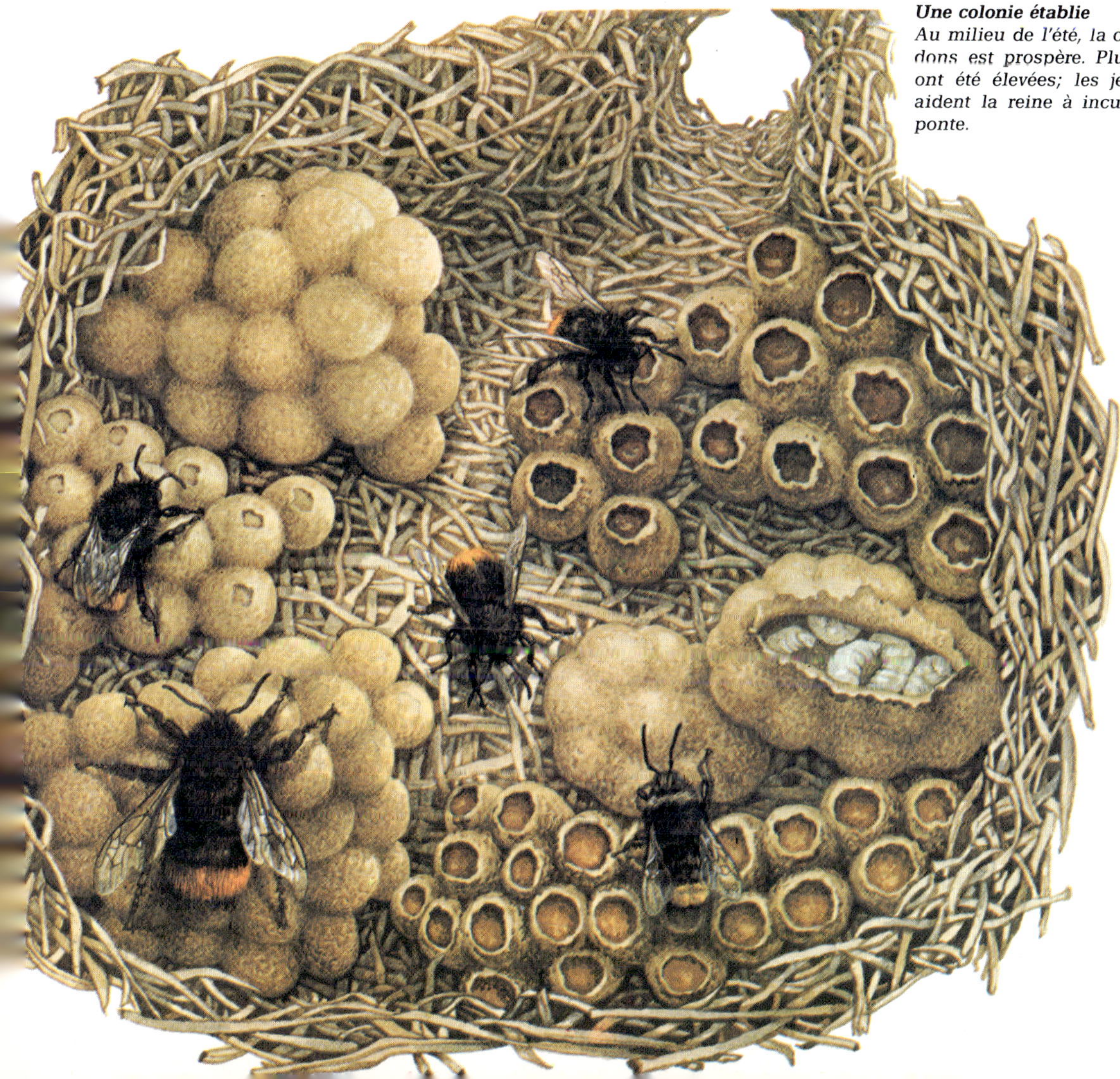

Une colonie établie
Au milieu de l'été, la colonie de bourdons est prospère. Plusieurs couvées ont été élevées; les jeunes ouvrières aident la reine à incuber la dernière ponte.

Des artisans

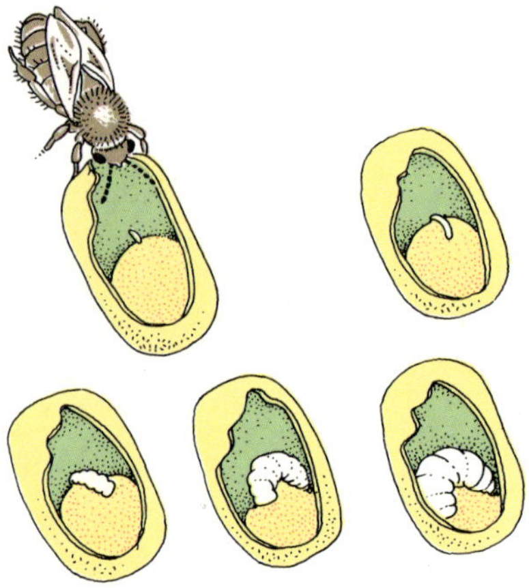

L'approvisionnement d'un alvéole
Une abeille solitaire approvisionne un alvéole avec une boulette de pollen sur laquelle elle pond un œuf. La larve éclôt : le pollen lui fournira assez de nourriture jusqu'à sa métamorphose.

De nombreuses abeilles ne sont pas sociales comme les abeilles domestiques et les bourdons : elles sont solitaires. Elles n'ont pas de caste d'ouvrières puisqu'elles ne vivent pas en communauté. Le mâle et la femelle adultes se rencontrent seulement pour s'accoupler. Les femelles passent la plus grande partie de leurs courtes vies à faire des nids, à les approvisionner en boulettes de pollen et à y pondre. Puis, elles meurent avant l'apparition des jeunes. Les nids peuvent se réduire à une seule cellule, ou à un groupe de cellules juxtaposées. Les larves des abeilles solitaires sont capables de se développer sans l'aide de la chaleur produite par les colonies d'abeilles sociales, chaleur qui assure l'incubation des jeunes. Le manque de contact, chez les abeilles solitaires, entre les mères et leur progéniture est le principal caractère qui les différencie des abeilles sociales. Toutes les espèces d'abeilles, qu'elles soient solitaires ou sociales, ont les mêmes habitudes pour se nourrir et collecter le nectar et le pollen des fleurs, mais les solitaires n'emmagasinent pas de miel, et ne font pas de rayons de cire.

Il existe de nombreuses espèces d'abeilles solitaires, qui construisent des types très différents de nids. En été, vous avez peut-être remarqué des feuilles avec des traces très nettes de « morsures ». C'est l'œuvre d'abeilles qui coupent les feuilles. Ces abeilles arrachent des morceaux ovales aux bords des feuilles, les roulent en cigares et les portent à leurs nids pour faire des cellules à couvain. Ces cellules tubulaires sont pourvues de couvercles faits de morceaux de feuilles parfaitement

Les découpeuses de feuilles
Les abeilles solitaires qui découpent les feuilles appartiennent à la famille des Megachilidae. Elles construisent des nids sous terre, ou dans des tiges creuses, et les garnissent de morceaux de feuilles. Elles découpent des morceaux ovales pour faire des cellules en tube et d'autres plus petits et ronds pour faire le couvercle. L'activité de ces abeilles se décèle aux morsures qu'elles laissent, en été, aux bords des feuilles.

Quelques types de nids
1. Certaines abeilles provoquent, en pondant, la formation de galles sur les végétaux.
2. Nid de l'abeille à longue corne.
3. Nid d'abeille maçonne.
4. Quelques abeilles solitaires nichent dans des coquilles vides d'escargots.
5. Le terrier ramifié d'une abeille fouisseuse.

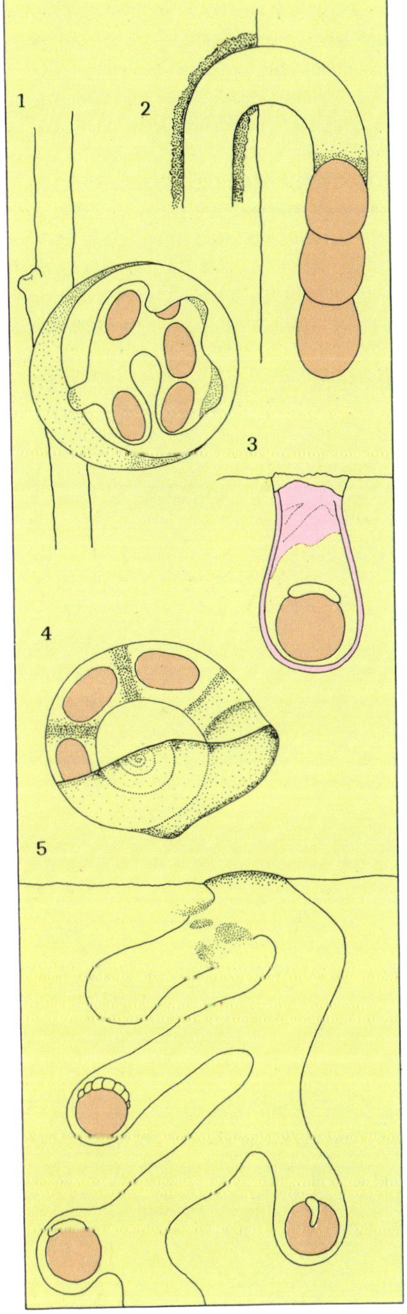

circulaires. Ces espèces nichent souvent dans des troncs creux, mais certaines utilisent des coquilles vides d'escargots et d'autres « collent » leurs alvéoles de feuilles mâchonnées sur des rochers, à l'aide de boue mélangée avec leur salive. De nombreux membres de cette famille emploient des pétales colorés plutôt que des feuilles.

Des abeilles solitaires fouisseuses, comme leur nom l'indique, creusent des nids souterrains. Elles construisent un réseau de cellules situées de part et d'autre d'un tunnel central; les murs de ces alvéoles sont consolidés avec de la salive. Une « salle » est creusée tout autour du complexe d'alvéoles de sorte que l'air peut circuler à travers tout le nid. Souvent, une cheminée supplémentaire conduisant à la surface sert à augmenter la ventilation.

Les abeilles charpentières, ou xylocopes, sont grandes et remarquables : surtout tropicales, elles sont très puissantes. Elles peuvent découper les tiges ou les branches avec leurs mandibules — les parties supérieures des mâchoires — pour faire des cellules pour leurs œufs. Chaque cellule est approvisionnée séparément avec une boulette de pollen qui nourrira le jeune insecte.

La nature élaborée des nids construits par nombre d'abeilles solitaires n'est pas un signe de supériorité évolutive — les espèces les plus évolués préfèrent souvent des nids plus simples. La gamme de matériaux utilisés pour ces nids est large — de la pâte de bois aux feuilles de coquelicot — et ils peuvent être garnis de boue, de salive ou de résine.

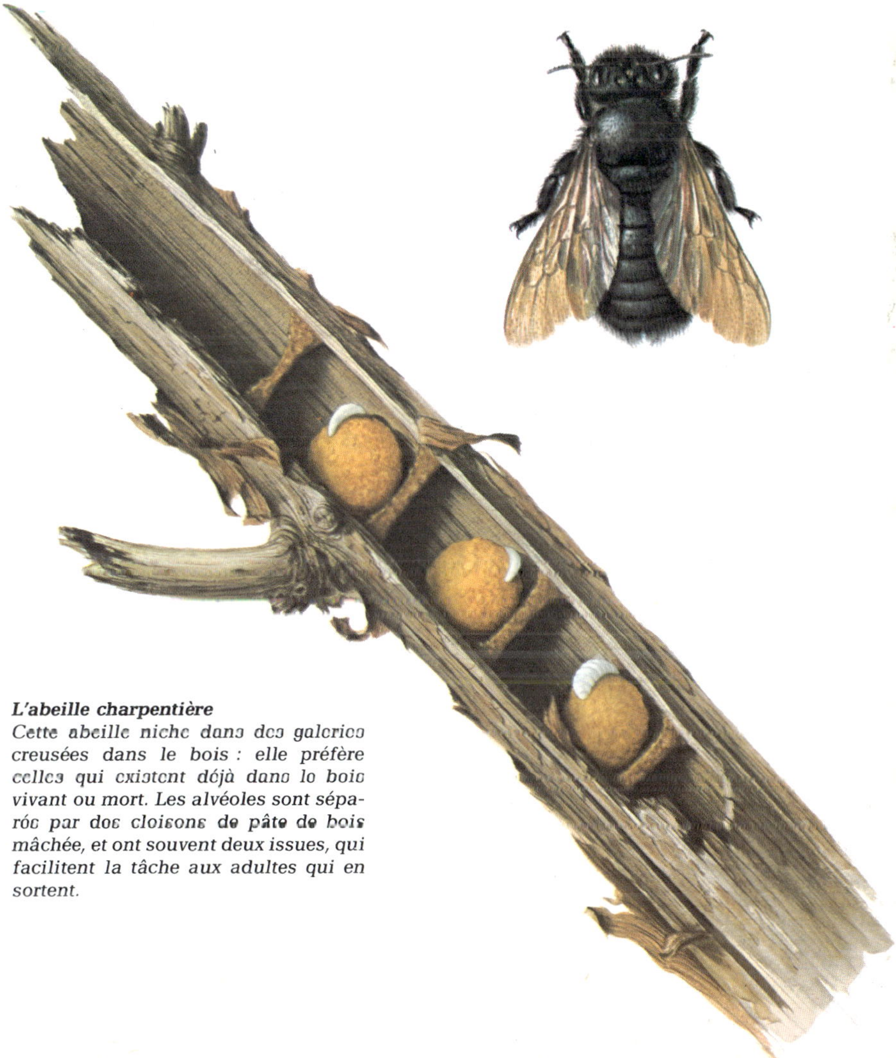

L'abeille charpentière
Cette abeille niche dans des galeries creusées dans le bois : elle préfère celles qui existent déjà dans le bois vivant ou mort. Les alvéoles sont séparées par des cloisons de pâte de bois mâchée, et ont souvent deux issues, qui facilitent la tâche aux adultes qui en sortent.

Les guêpes

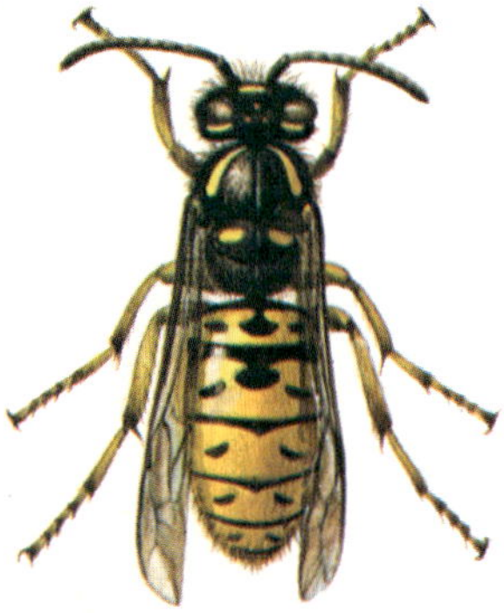

La reine qui hiverne
Les reines de guêpes fécondées cherchent des abris pour passer l'hiver à l'état de vie ralentie.

Il existe des dizaines de milliers d'espèces de guêpes, réparties dans le monde entier. Comme chez les abeilles, il en est de solitaires et de sociales. Au début de leur vie, les guêpes sont presque toutes prédatrices ou parasites d'insectes. Les adultes se nourrissent de nectar, et la plupart des guêpes sociales le récoltent et l'emmagasinent. La guêpe femelle, comme l'abeille femelle, a un puissant aiguillon pour tuer ou paralyser les insectes. Les espèces à comportement social très développé saisissent leurs proies avec leurs mâchoires.

Les guêpes sociales les plus communes ont un abdomen jaune taché de noir. Elles appartiennent à la famille des vespidés. Comme chez les bourdons, les princesses s'accouplent à la fin de l'été ou au début de l'automne, et sont les seules à survivre en hiver. Quand reviennent les beaux jours, la reine choisit un abri, dans un toit ou sous la terre, pour y placer son nid, fait d'une sorte de papier mâché produit par le malaxage de copeaux de bois et d'autres fibres. Le premier stade de la construction du nid est une sorte de tige qui part du toit de celui-ci vers un alvéole qui s'élargit en forme de tasse. La reine y pond un œuf puis ajoute d'autres alvéoles autour du premier, et pond dans chacun.

Quand les œufs éclosent, la reine doit capturer des chenilles et des mouches qu'elle mâche et donne à manger aux larves. La première génération à apparaître est composée d'ouvrières : après quelques jours, elles sont prêtes à prendre en charge le nettoyage et la construction du nid, ainsi que la recherche de la nourriture et l'alimentation des larves. La reine se consacre désormais à la ponte.

Durant l'été, le nid continue à grandir. Vers l'automne, une « galerie » finale est construite : elle renferme des cellules plus grandes destinées à produire des reines et des mâles. Lorsqu'elles sont remplies, la vieille reine cesse de pondre, et la colonie commence à décliner. Bientôt les mâles s'accouplent avec les jeunes femelles à l'extérieur du nid. Quand la température baisse, la plupart des adultes meurent. Seules les reines qui viennent d'être fécondées survivront. Elles trouvent une cachette, et y passent l'hiver, pendues par leurs mâchoires à une tige ou une brindille; au printemps, elles fonderont une nouvelle colonie.

La construction du nid
Ce nid souterrain est fait de pâte de bois mâchée, cimentée avec de la salive. Une « galerie » de cellules est attachée à la première suspente (1); d'autres galeries sont progressivement ajoutées au-dessous (2-5) jusqu'à ce que le nid soit terminé (6).

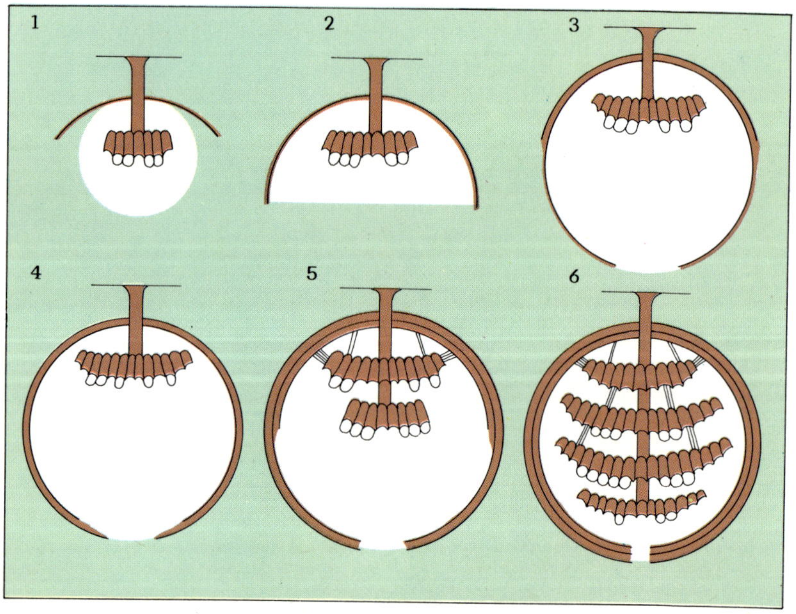

Le guêpier complet
Le premier groupe d'alvéoles forme un rayon miniature, mais les ouvrières qui y naissent ajoutent d'autres rayons en dessous. Une enveloppe ou une voûte est construite autour des rayons, ce qui aide à régler la température du nid. Les larves pendent à l'envers dans leurs alvéoles. Les ouvrières, attirées par une agréable substance produite par les larves, les nourrissent d'insectes mâchonnés.

Nichées orphelines

Il est de nombreuses espèces de guêpes solitaires, comme il en existe chez les abeilles, mais elles approvisionnent leurs nids avec des insectes ou des araignées, et non avec des boulettes de pollen. Après l'accouplement, le mâle solitaire n'a plus rien à faire avec la femelle, qui construit son nid, pond, et meurt sans connaître sa progéniture.

Certaines guêpes solitaires fabriquent des nids de boue mêlée à de la salive. Ces espèces, qui appartiennent au genre *Eumenes,* comprennent les guêpes maçonnes qui construisent de petits pots en forme de cruche à l'aide d'argile, de gravier et de salive. La femelle capture et pique une chenille, la paralysant sans la tuer, de sorte qu'elle constituera pour ses larves une nourriture fraîche, et la pousse à travers le goulot, en forme de cheminée, de son nid. Puis elle pond un œuf sur la chenille et ferme le nid avec une boule d'argile humide. Quand une larve sortira de l'œuf, elle mangera la chenille vivante. D'autres guêpes utilisatrices de boue se comportent de façon identique, mais construisent des nids de formes différentes. Parfois, de nombreux alvéoles sont attachés à un mur ou un rocher et collés de manière à ressembler à une masse de terre. Dans d'autres cas, ces guêpes édifient des colonnes parallèles de cellules qui ont l'air de tuyaux d'orgue.

Les pompiles sont des guêpes qui peuvent se déplacer rapidement à la course, rarement en volant : elles chassent les araignées. Quand une femelle s'est accouplée, elle cherche une araignée. Lorsqu'elle l'a trouvée, elle la pique pour la paralyser, puis s'emploie à la traîner à reculons, souvent avec beaucoup de difficulté, jusqu'à un site de nid convenable. Là, elle la dépose tandis qu'elle creuse un terrier. Ce procédé a des désavantages évidents — la pauvre guêpe doit s'arrêter continuellement pendant qu'elle creuse, pour s'assurer que son araignée n'a pas été emportée par un autre prédateur. Une fois que son nid est prêt, cependant, elle y met l'araignée, pond un œuf dessus et bouche le trou. Elle peut répéter ce laborieux manège jusqu'à vingt fois. L'immense majorité des guêpes fouisseuses (Sphecidés) opèrent d'une façon plus intelligente. Elles creusent leurs nids d'abord, les cachent et ne capturent leurs proies qu'après.

Le chasseur d'araignées
Cette guêpe tropicale, très grande et puissante, paralyse, avec son venin, des araignées de la taille d'une main humaine. Elle pond dans des trous en forme de puits creusés dans la terre. Chaque œuf est approvisionné avec une araignée, capturée d'habitude avant que le nid ait été creusé. Ce genre de guêpes capture parfois des tarentules.

A l'instar des coucous

De nombreuses guêpes sont parasites. Au lieu de faire des nids et de les approvisionner, elles occupent ceux des autres et pondent sur les insectes ou les araignées qui s'y trouvent. Quatre espèces sont figurées ici.

Guêpe maçonne

Des guêpes architectes

Les guêpes solitaires construisent des nids de formes très variées. Ils vont des pots en boue aux nids en tourelles ou en cheminée, et aux tubes juxtaposés.

Guêpe plâtrier

Guêpe potier

Guêpes à galles

De nombreuses galles sont l'œuvre de guêpes (à droite et en dessous) qui creusent les tissus de la plante pour y pondre.

Bédéguar du rosier

Galle du chêne avec larve de Cynips.

Amis et ennemis

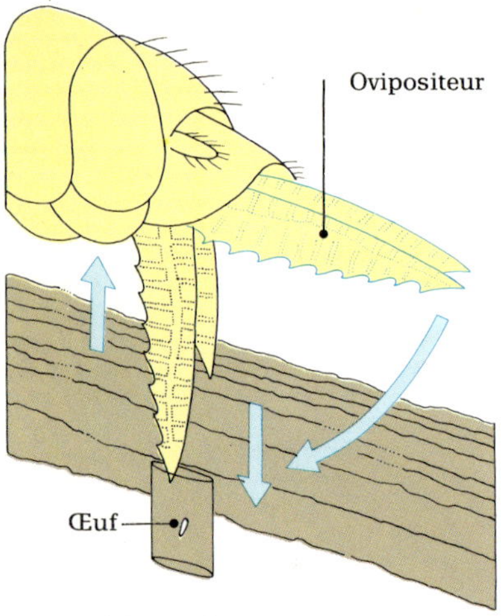

Tenthrèdes et sirex
Les ovipositeurs de ces hyménoptères primitifs n'ont pas évolué en aiguillons; ils sont adaptés à déposer les œufs dans la matière végétale que mangeront les larves. L'ovipositeur du tenthrède est en dents de scie, ce qui permet à l'insecte d'entamer les tiges ou les feuilles.

Les hyménoptères les plus primitifs, les symphytes, n'ont pas de « taille de guêpe ». Ils comprennent les mouches à scie (tenthrèdes) et les sirex, et sont très répandus dans les régions septentrionales. En plus de l'absence de « taille de guêpe », les tenthrèdes diffèrent des vraies guêpes et des abeilles par leurs ovipositeurs, qui sont encore de vrais appareils de ponte, et n'ont pas évolué en aiguillons. Ils sont en forme de scie et servent à faire des fentes dans les feuilles ou les tiges de sorte que les œufs puissent y être pondus. Les larves de tenthrèdes se nourrissent librement — elles se déplacent comme des chenilles, mangeant les plantes où elles vivent. De fait, ces larves peuvent être très nuisibles aux végétaux : certaines, par exemple, attaquent le blé et d'autres céréales, les détruisant de l'intérieur. La plupart des larves de tenthrèdes se transforment en pupes sous terre, dans des cocons ou des cellules de terre, mais d'autres le font sous l'écorce, dans les branches, les fruits, ou le bois pourri.

Les sirex ont des ovipositeurs en forme d'aiguille plutôt que de scie, ce qui leur permet d'injecter leurs œufs dans le bois. Leurs larves peuvent aussi se déplacer, mais elles se développent très lentement en raison de la faible valeur alimentaire du bois qu'elles mangent. En réalité, de nombreuses larves demeurent dans leurs cocons plusieurs années avant de se métamorphoser.

Il existe des parasites dont les larves se nourrissent des larves d'autres insectes vivant dans le bois. Parfois, les larves de sirex sont à leur tour parasitées par d'autres hyménoptères, les ichneumons. Ces guêpes ont de très longs ovipositeurs qui pénètrent dans le bois et localisent les larves de sirex. Quand elles en ont trouvé une, elles pondent dessus. La larve d'ichneumon se développe aux dépens de son hôte, se nourrissant de son sang et de ses tissus mous, mais faisant en sorte qu'il demeure vivant. Afin de se métamorphoser, la larve de sirex doit se frayer un passage dans le bois jusqu'à la surface, et celle d'ichneumon l'accompagne, pour finalement la tuer et elle-même se métamorphoser en pupe.

Le destructeur détruit
Un sirex (à gauche) a pondu dans un tronc d'arbre. La larve endommage le bois en le mangeant. Un ichneumon (à droite) localise la larve, et, avec son long ovipositeur, perfore le tronc et pond sur elle. Quand la larve de l'ichneumon éclôt, elle se nourrit de celle du sirex, mais lui permet d'atteindre la surface avant de l'achever.

Pour le bien de tous

Les guêpes et les abeilles sont utiles aux équilibres naturels. Il est difficile, et peut-être futile, d'essayer de comparer l'« utilité » respective de chacun des deux groupes, mais il convient de souligner celle des guêpes, car elle est moins connue. Les guêpes limitent naturellement l'abondance des insectes ravageurs. A plusieurs reprises, l'homme a tiré avantage de ce fait en introduisant des guêpes dans certaines régions pour tenir en respect de tels insectes. Une guêpe fouisseuse sud-américaine *(Larra americana)* fut, voici de nombreuses années, importée avec succès à Porto-Rico pour contrôler l'expansion d'un grillon qui ravageait la canne à sucre dans l'île. D'autres guêpes ont été utilisées avec un égal succès en Amérique du Nord, aux Hawaï et aux Philippines pour lutter contre les insectes ravageurs. L'une des principales difficultés à introduire des guêpes étrangères réside dans la nécessité de leur fournir des sites de nid convenables. Comme mineure contribution à l'économie humaine, les larves de guêpes sont mangées dans quelques pays — elles ne sont peut-être pas appétissantes, mais elles contiennent une quantité considérable de protéines.

Hélas, certaines guêpes pourchassent des insectes utiles : de nombreuses espèces attaquent l'abeille domestique. Les vertus de cette dernière ont toujours été placées au-dessus de celles des autres abeilles. Depuis des siècles, l'homme exploite la cire et le miel. Mais sans doute, la fonction la plus utile de l'abeille domestique — comme d'ailleurs celle des autres abeilles — est la pollinisation des plantes à fleurs sauvages et cultivées. La valeur économique de cette contribution à l'agriculture et à l'horticulture est immense. Peut-être faut-il se rappeler l'enrichissement que l'abeille a apporté à notre environnement en influant sur l'évolution des parfums, des formes et des couleurs des fleurs.